Eurêka

Steve Parker

Thomas Edison
et l'Electricité

Editions du Sorbier
51, rue Barrault
75013 Paris

Traduit de l'anglais par Madeleine Gilard

Crédits photographiques :
Bridgeman Art Library, p.17
Robert Harding Picture Library / Cincinnati
Historical Society, p.4
Mary Evans Picture Library, page de titre, p.13 en haut,
p.19 à gauche, p.23 en haut, p.24 en haut
Illustratrated London News Picture Library, p.25 en bas
The Image Bank, p.9 en haut à droite Jake Rajs,
p.27 Marvin E Newman
The Library of Congress, p.6 à droite
Mansell Collection, p.16 en bas, p.23 en bas, p.24 au milieu
National Portrait Gallery, London, p.8
Nelson Gallery, Musée Atkins, Kansas City/ Robert Harding
Picture Library, p.7
Peter Newark's American Pictures, p.6 à gauche,
p.9 en bas à droite, p.10,12,14 en haut, p.16 en haut,
p.20,22 en bas à gauche, p.24 en bas
Ann Ronan Picture Library, p.21 en haut
Science Photo Library/J.L Charmet p.13 en bas,
US Department of the Interior, Edison National
Historic Site, p.5 en haut, p.11 en haut, p.22 en haut
US Department of the Interior, Edison National
Historic Site/ Robert Harding Picture Library, p.5 en bas,
p.9 à gauche, p.11 en bas, p.15 en haut, p.21 en bas,
p.22 en bas à droite, p.25 en haut, 26

Illustrations de Tony Smith, p. 6-7, 14,22-23
Rodney Shackell, p. 13,18,21,25
Responsable éditorial, Kate Scarborough
Maquette : Andrew Oliver
Recherche iconographique : Vanessa Kelly

Thomas a Edison

Table des matières

Introduction

Imaginez la vie sans lampes électriques, sans tourne-disques, sans téléphone, sans cinéma. Pas de centrales électriques, pas de pylônes, ni de câbles, ni de fils apportant la chaleur et la lumière dans nos maisons, nos usines, nos bureaux, nos écoles.

L'existence de ces merveilles évoque l'image de Thomas Edison, "le plus grand inventeur de tous les temps", a-t-on dit. Dans les années 1870-1920, Edison et d'autres savants ont réalisé des centaines d'appareils et machines, la plupart marchant à l'électricité. Ces inventions vont du four à ciment géant à la banale et quotidienne ampoule électrique.

En fait, Edison a rarement été le seul et unique auteur d'une invention. Son génie a consisté à saisir les idées et les trouvailles des autres et à les perfectionner. Son sens de la mécanique et son habileté à en détecter les défaillances ont permis la construction de machines plus efficaces et plus sûres. Il a présenté des procédés et des gadgets dont l'utilisation à grande échelle pouvait résoudre divers problèmes, accélérer la communication et la fabrication, et, d'une manière générale, faciliter la vie.

Cincinnati, Ohio, en 1848, un an après la naissance d'Edison. C'était le monde de la machine à vapeur et de l'éclairage au gaz, bien différent de celui de l'automobile et de la Fée Electricité, tel qu'Edison l'a connu avant sa mort en 1931.

Chapitre I
Les débuts

La maison de Thomas Alva Edison, à Milan, Ohio, 1847.

A douze ans, Thomas se proclama adulte et indépendant. Il devint vendeur de journaux et de pâtisseries dans les trains.

Thomas Edison est né le 11 février 1847 dans une petite maison située au bord du lac Erié, à Milan, Ohio, USA. Son père, Samuel, travaillait dans les bois et charpentes. Sa mère, Nancy, avait mis au monde sept enfants dont trois étaient morts en bas âge. Il y avait plusieurs années d'écart entre Thomas et ses frères et sœurs adolescents.

Un élève à problèmes

En 1854, quand Thomas eut sept ans, la famille Edison s'installa à Fort Huron, à l'extrémité sud du lac Huron. Le père avait fait de mauvaises affaires et l'argent manquait. Thomas attrapa la scarlatine dont il guérit, mais qui le laissa très "dur d'oreille". L'année suivante, il est scolarisé pour la première fois de sa vie. Sa curiosité débordante, sa demi-surdité et son goût des farces lui jouèrent des tours. Au bout de trois mois, le maître le déclara enfant "attardé" et Nancy Edison le ramena à la maison. On ne se serait guère douté que, vingt-deux ans plus tard, cet enfant serait savant et multi-millionnaire.

Une récompense méritée

Ces jours sur la ligne étaient des jours heureux. Edison saisissait mal une conversation normale mais comme les voyageurs haussaient la voix à cause du fracas des roues, il les entendait. De même qu'il entendait le cliquetis de l'appareil télégraphique qui lançait les messages en points et traits du code Morse.

Un jour, sur la voie, il porta secours au petit garçon d'un employé du télégraphe. Reconnaissant, celui-ci montra à Thomas comment se servir de l'appareil. Ce fut le début de sa carrière de télégraphiste et de son intérêt pour les machines électriques.

Le laboratoire à la maison

Thomas lut beaucoup, notamment l'un des plus grands livres de science de tous les temps, le *Principa*, d'Isaac Newton. Ces lectures lui donnèrent une profonde considération pour les théories scientifiques. Les expériences de chimie et de physique captivaient surtout son imagination. Il installa un laboratoire dans la cave de la maison. Il demanda aux commerçants du voisinage de lui donner des récipients de verre et des produits chimiques, et il se mit à reproduire des expériences décrites dans les manuels.

En 1859, la compagnie des chemins de fer ouvrit une ligne de Port Huron à Dallas. Les voies ferrées et les télégraphes se multipliaient. Thomas, à douze ans, trouva un emploi de vendeur de journaux dans les trains.

Bientôt, il élargit son commerce en proposant aux voyageurs des sucreries et des primeurs. Il recruta d'autres jeunes garçons comme vendeurs dans les gares le long de la ligne, et gagna ainsi de quoi acheter des livres scientifiques. Il installa même dans un wagon vide un laboratoire et une imprimerie pour un journal à l'intention des voyageurs : le *Herald de la Grande Ligne*, qu'il rédigeait.

L'arrivée du télégraphe

L'envoi de messages et de lettres à longue distance n'était pas chose facile, dans un aussi vaste pays. La poste se fit un temps par *poney express*. Des messagers à cheval couvraient en dix jours 3.200 kilomètres du Missouri à la Californie. Lorsque les communications se firent par signaux électriques le long de fils télégraphiques, le message se transmit à la vitesse de la lumière. Et, en 1861, les lignes télégraphiques couvrirent le pays.

Télégraphiste ambulant

La guerre civile américaine éclata en 1861. Lorsque l'opérateur du télégraphe de Port Huron fut mobilisé, Edison le remplaça. Entre deux messages expédiés ou reçus, il continuait ses expériences dans le sous-sol du bureau. En 1864, à dix-sept ans, il prit un emploi de télégraphiste au Canada, et devint ainsi "télégraphiste ambulant". Les télégraphistes, opérateurs expérimentés, allaient et venaient pour le compte des patrons qui offraient le meilleur salaire. Edison parcourut ainsi les USA et le Canada. Il travaillait volontiers la nuit afin de lire des ouvrages scientifiques et de faire des expériences le jour. Parce qu'il avait "trop d'idées" et mettait au point des machines révélant les bévues de ses employeurs, il fut congédié plus d'une fois.

Tableau peint en 1860. Le principal moyen de transport était le train. Edison circulait le long de wagons semblables.

Nouvelles applications de l'électricité

En 1868, Edison fut employé à Boston par le service télégraphique de la Western Union. Il enregistra un message envoyé par "le télégraphiste le plus rapide de New York". On lui reprochait son écriture trop menue. Irrité, il couvrit toute une feuille de papier de quelques mots en caractères énormes, et il fut muté.

A vingt et un ans, Edison lut les *Recherches expérimentales sur l'électricité*, du célèbre savant anglais Michael Faraday. Celui-ci, comme Edison, était un *self-made man*, "formé seul" par ses lectures et ses expériences. Edison commença à tenir des carnets d'observations et à enregistrer par écrit ses résultats. Il visita les ateliers de Boston où l'on testait de nouvelles applications sur l'électricité. Les batteries et les dynamos ne produisaient à l'époque de l'électricité que pour la télégraphie.

En 1868, Edison sollicita son premier brevet et l'obtint un an après. Il s'agissait d'une machine électrique capable de calculer automatiquement les votes lors des réunions du Congrès des USA. Elle ne rencontra pas l'approbation des personnalités officielles et ne fut pas adoptée. Edison n'oublia pas la leçon : ne pas perdre de temps à des inventions ne correspondant pas à une demande.

Michael Faraday

Ce physicien anglais, né en 1791, travailla sur des matières chimiques telles que le chlore et exposa l'idée aujourd'hui courante des "lignes de force" à partir d'un aimant. Il a joué un rôle important dans le développement du moteur électrique, du générateur et du transformateur. Ses brillantes intuitions scientifiques furent un immense encouragement pour les hommes tels qu'Edison.

Chapitre II
Les premiers pas de l'inventeur

Edison voulait se servir de l'électricité. Il voulait inventer des machines et les perfectionner. Il quitta la Western Union pour l'atelier de Charles Williams, un fabricant d'appareils télégraphiques, et y réalisa sa première machine qui eut du succès, un transcripteur de cotations en Bourse.

Dans le monde de la finance, les particuliers achètent les actions ou parts d'une société, ce qui équivaut à lui prêter de l'argent. Si la société réalise un bénéfice, ceux qui possèdent les actions ou parts, "les actionnaires",en reçoivent une partie. Les actionnaires doivent s'informer de la marche de la société, savoir quelles sont les actions dont le prix monte ou baisse, à quel niveau elles sont à chaque instant "cotées". Aujourd'hui, ces informations sont transmises à la seconde par les ordinateurs sur une ligne téléphonique. Au temps d'Edison, des messagers couraient d'un bureau à l'autre.

Le transcripteur de cotations d'Edison était une adaptation du télégraphe. Il communiquait par fil électrique la dernière cote des valeurs à des machines à imprimer situées dans d'autres bureaux. Il s'agissait, là encore, du perfectionnement d'un système existant, pas d'une nouveauté.

La pluie de petits papiers.

Quand New York reçoit des hôtes de marque, ceux-ci défilent dans les rues en voitures décapotables et l'on fait pleuvoir sur eux une neige de petits papiers blancs. Cette tradition remonte au temps d'Edison. Les petits papiers sortaient par milliers de son transcripteur.

Le "stock-ticker"

La chance sourit à Edison un jour d'été 1869 lorsque l'appareil de la Western Union Telegraph Company annonçant les cours de la Bourse de l'or, à New York, tomba en panne. On fit appel à Edison, connu pour son habileté à "guérir" les machines malades. Il ne se contenta pas de réparer l'appareil, il l'améliora. Très impressionnés, les directeurs de la Western Union lui demandèrent de travailler sur une autre idée. Le résultat fut l'Edison Universal Stock Printer, qui annonçait avec un tic-tac de pendule les cours des valeurs.

Edison et le monde des affaires

Gravure montrant la "Gold Room" à New York, où l'or s'achetait et se vendait. L'appareil "tictacqueur" d'Edison communiquait les derniers prix aux autres officines financières.

Edison quitta Boston pour New York et entra chez un courtier en or. Il travailla sur de nouvelles machines servant à communiquer le cours de l'or et des actions. Les courtiers les plus rapidement informés des derniers prix faisaient de meilleures affaires en achetant ou en vendant avant leurs concurrents.

Puis Edison monta une affaire avec un certain Franklin Pope, sous le nom de Pope, Edison & Cie, Ingénieurs en Electricité. Ils faisaient savoir au public : "Nous réalisons sur commande des instruments électriques et nous trouvons la solution à vos problèmes."

Une des premières grosses affaires d'Edison consista à vendre pour 5.000 dollars à la Western Union son transcripteur perfectionné des cours des actions et de l'or. La même compagnie lui versa, en 1870, la somme énorme de 40.000 dollars pour un modèle encore plus évolué du transcripteur. Un des perfectionnements consistait à "débloquer" un appareil en panne par des signaux électriques transmis le long du fil.

Edison décida de consacrer ces vastes sommes d'argent à l'installation d'une usine pour y produire ses inventions.

L'usine Edison, Ward Street, Newark, New Jersey.

Chapitre III
Edison homme d'affaires

Mary Stilwell à seize ans, l'année de son mariage.

En 1871, Edison ouvrit ses ateliers de Ward Street, Newark, New Jersey, pour la fabrication de transcripteurs et autres appareils, et le développement de nouveaux projets. Il employait deux équipes d'ouvriers.

Edison était un travailleur forcené. C'est lui qui surveillait la réalisation de tous les projets. Il dormait à peine et il attendait de ses employés le même acharnement. Beaucoup d'entre eux suivaient son exemple, stimulés par son enthousiasme et le flot de ses idées nouvelles. Toutefois, il maniait ses affaires d'une façon "artisanale". Il ne se décida à ouvrir un compte en banque que pour y verser les premiers 40.000 dollars, et tous ses reçus et factures étaient fixés au mur par des clous !

La famille Edison

Le jour de Noël 1871, Thomas Edison épousa Mary Stilwell, qui travaillait dans son usine. Leur premier enfant, Marion, fut surnommée *Dot* (qui signifie "point", à cause des points et des traits du code télégraphique Morse). L'enfant suivant, un garçon, bénéficia du surnom de *Dash*, "trait". Un deuxième garçon, né en 1878, s'appela tout simplement William.

Histoire de Brevets

Edison dépensait son temps et son argent pour des projets sans suite. Mais en 1874, il mit au point un système de transmission de messages en même temps et dans les deux sens, entre New York, Boston et Philadelphie. Alors la question se posa : qui était légalement propriétaire des brevets ? Edison, qui cherchait de l'argent pour payer ses dettes, avait travaillé pour deux compagnies, la Western Union et l'Atlantic & Pacific. Chacune se jugeait propriétaire des brevets d'équipement du nouveau système. Edison se trouva impliqué dans un procès. Il décida alors qu'il devrait à l'avenir conserver coûte que coûte ses brevets.

Le téléphone d'Edison
Le microphone était basé sur "un bouton de carbone". Les ondes sonores comprimaient les grains du carbone et resserraient leurs points de contact, ce qui facilitait le passage du courant. Ainsi, les signaux électriques suivaient le dessin des ondes de la voix.

Des communications plus rapides

Contre un autre paiement de 40.000 dollars, Edison et son équipe travaillèrent pour l'Automatic Telegraph Company en vue de réaliser des appareils qui pourraient éventuellement transmettre un message correct de deux cents mots par minute. Soit six fois plus vite que le meilleur opérateur. Edison présenta ce système en Angleterre au Service des Postes. Pendant son séjour, il envisagea de faire passer des messages entre la Grande-Bretagne et les Etats-Unis à travers l'Atlantique, mais les essais échouèrent.

Le téléphone

En 1876, un autre inventeur déposa des brevets pour une nouveauté. Au lieu de transmettre des points et des traits aux autres signaux analogues par fil, ce système convertissait les sons de la voix humaine en signaux électriques. Le premier téléphone était apparu. Son inventeur s'appelait Alexander Graham Bell.

Comprenant l'importance de cette nouveauté, la Western Union chargea Edison de la perfectionner. Il imagina un système utilisant des granules de carbone contenus dans une petite boîte ou "bouton". Lorsque les granules étaient comprimés par les ondes sonores de la voix, l'électricité qui les traversait était variable en quantité. Le transmetteur téléphonique par bouton de carbone fut testé avec succès entre New York et Philadelphie et la demande de brevet fut présentée en 1877. Les autorités ne l'accordèrent qu'après un long délai, en 1892. A ce moment-là, le système de Bell était déjà solidement établi.

Partie d'un transmetteur au carbone

Intérieur d'un récepteur

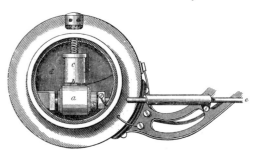

Alexander Graham Bell parlant au micro du téléphone qu'il fit breveter en 1876.

Le téléphone de Bell

Au lieu de grains de carbone, le téléphone de Bell était basé sur l'électromagnétisme. Les ondes de son frappaient une feuille plane, un diaphragme, et la faisait vibrer. Le mouvement du diaphragme modifiait le champ magnétique d'un aimant. Le champ magnétique, en se modifiant suscitait alors des signaux électriques dans la bobine de fil qui entourait l'aimant. Ces signaux se propageaient le long du fil jusqu'au récepteur du téléphone dont on voit ici le prototype, et d'où le processus repartait en sens inverse afin de produire à nouveau des ondes de son.

Chapitre IV
Menlo Park - Un empire

En 1876, Edison s' installa à Menlo Park, un village situé à 38 km de New York. Il y acheta une maison et y construisit un grand laboratoire avec salle de machines, un atelier de menuiserie et plus tard une bibliothèque. Il fut rejoint par une vingtaine de ses meilleurs ouvriers. Tout le monde travaillait jour et nuit avec enthousiasme et on ne cédait au sommeil que lorsqu'on ne tenait plus debout. Edison s'endormait souvent la tête sur son bureau.

Menlo Park était une "fabrique d'inventions". Edison et ses hommes ne produisaient pas de grandes quantités d'instruments comme lorsqu'ils étaient installés à Ward Street. Ils laissaient le soin de manufacturer aux "brigands de l'industrie" qui achetaient les brevets aux inventeurs à vil prix et en tiraient ensuite des millions pour eux-mêmes.

L'équipe produisait les plans de nouvelles machines et de gadgets destinés à résoudre tel ou tel problème. La tête d'Edison fourmillait d'idées; il n'arrêtait pas de les noter et de faire des croquis. Il lui arrivait de travailler sur quarante projets à la fois. Durant sa vie, il remplit 3400 carnets de notes !

Au travail !

Edison était un patron exigeant. Toujours actif, il attendait la même chose de ses employés. Il disait des conditions de travail : " Nous ne payons pas et nous travaillons sans arrêt." Un jour, alors qu'un essai marchait mal, il déclara : "J'ai fermé la porte à clé et vous resterez ici jusqu'à ce que ça réussisse."

On supportait ses façons parce qu'il travaillait plus que tout le monde. En 1888, il lui arriva de consacrer 72 heures d'affilée à l'amélioration du phonographe.

Vers le phonographe

En 1877, tout en travaillant sur son système de télé-phone, Edison tenta une expérience. Le diaphragme du téléphone était une plaque qui vibrait lorsque les ondes de son la frappaient. Edison essaya d'enregistrer les vibrations en reliant la plaque à une pointe s'appuyant sur du papier. Il prononça le mot "Allo" qui fut enregistré sous forme de petits creux sur le papier. Quand on tirait sur le papier ain-si poinçonné, cela faisait bouger la pointe qui, à son tour, faisait vibrer le diaphragme, lequel émettait des ondes de son. "Avec une bonne imagination", disait Edison, "on peut réentendre le mot qui a été prononcé".

Edison dessina alors une machine avec un cylindre à enregistrer couvert, non de papier, mais d'une feuille de métal. Elle fut construite en 1877 par son collègue John Kruesi. Et elle marcha. Un des premiers enregistrements d'Edison sur la nouvelle invention, le phonographe, fut une poésie pour enfants: *Marie avait un petit agneau*.

En 1878, Edison présenta son phonographe à l'Académie Nationale des Sciences.

Menlo Park fut créé en 1876 par Edison et devint une des premières fabriques où les inventeurs travaillaient en équipes à la poursuite d'idées nouvelles et à la recherche de perfectionnements. Plus tard, le pourtour de l'usine fut éclairé par de fortes lampes électriques.

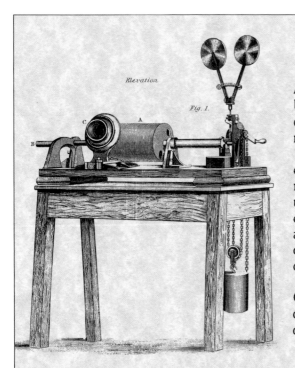

Elevation

Fig. 1.

Le phonographe

Le principe du phonographe (appelé gramophone en Angleterre) resta longtemps inchangé, mais l'appareil fut bientôt modifié. Des cylindres de cire remplacèrent ceux de métal, et des copies de l'enregistrement furent obtenues par moulage. Seulement elles s'usaient très vite. En 1888, un rival, l'ingénieur Emile Berliner, développa un enregistrement sur disque plat. Le son suivait une petite rainure ondulée. Le diaphragme de reproduction devint un grand haut-parleur en forme de cornet. Le système était encore mécanique. Il n'utilisait pas l'électricité pour amplifier les vibrations et les signaux sonores. Mais le disque était plus commode, plus facile à copier, et la qualité du son était meilleure qu'avec la version d'Edison.

On passa graduellement des cylindres aux disques. Ceux-ci, faits de vinyle plastique, devinrent de "longue durée". En 1912, Edison renonça, lui aussi, aux cylindres et adopta les disques pour ses phonographes.

Le phonographe, la "machine parlante", fit grande impression. Edison se plaisait à démontrer ses possibilités et à prouver que ce n'était pas un attrape-nigaud.

Le dîner en famille, sous la lampe à gaz. Peinture du milieu du XIX ème siècle.

Chapitre V
Que la lumière soit

En 1870, on s'éclairait au gaz dans quelques maisons. Ailleurs, on se servait de bougies ou de lampes à pétrole. La seule lumière électrique venait des lampes à arc, ou l'étincelle électrique sautait continuellement d'un morceau de carbone à un autre. Quelques bâtiments importants étaient pourvus de lampes à arc qui duraient quelques heures puis devaient être remplacées. Elles donnaient une lumière concentrée, trop intense pour être fixée.

Apparition de l'ampoule de verre

Edison visita l'exposition de lampes à arc de William Wallace et se fixa comme but l'invention d'une lampe électrique "sûre, bon marché et ne blessant pas les yeux". Mieux encore, il avait l'intention d'établir un système de générateurs, de fils et de câbles électriques, sur le modèle du réseau de distribution du gaz, pour mettre l'électricité à la portée de tous, et il créa l'Edison Electric Light Company.

En 1878, il présenta son premier brevet de recherche d'une "ampoule lumineuse". Le brevet décrivait un filament de platine, ce métal dur supportant de très hautes températures. Un système électrique était également prévu pour éviter l'échauffement excessif du platine. Le travail se poursuivit toute l'année. Entre-temps, Charles, son neveu, fit une démonstration du nouveau récepteur téléphonique à Londres, devant la Royal Institution et la Royal Society. Des ouvriers engagés par les compagnies téléphoniques rivales d'Edison et de Bell se hâtaient d'installer des câbles à Londres et allaient jusqu'à se saboter mutuellement.

Un pour cent d'inspiration.

Edison a toujours admis qu'il était un "inventeur commercial". Il voulait imaginer des objets qui faciliteraient la vie et qui rapporteraient de l'argent. Il fallait pour cela de longues heures d'observation patientes et d'expériences, de notes à prendre et d'essais d'une méthode après l'autre. Un éclair d'inspiration pouvait alors venir. Edison déclarait dans une phrase devenue célèbre : "Le génie est fait d'un pour cent d'inspiration et de quatre-vingt-dix neuf pour cent de transpiration".

Quand Edison se tourna vers les possibilités de l'éclairage électrique, il assura qu'il ne lui faudrait pas six semaines pour inventer une ampoule lumineuse sans les inconvénients de l'arc électrique. Il lui fallut près d'un an! Edison et ses équipiers au travail sur les ampoules électriques dans le laboratoire de Menlo Park.

L'ampoule et sa mèche.

L'équipe d'Edison produisit une nouvelle pompe à faire le vide dans les ampoules de verre. On essaya aussi des centaines de matériaux pour les filaments. Le métal fut abandonné et remplacé par une mèche de coton spécialement traitée au carbone. Entre le 21 et le 22 octobre 1879, la deuxième de ces ampoules resta allumée quarante heure, une réussite. Edison fit aussitôt la demande de brevet. La veille du nouvel an 1879, les rues et les maisons de Menlo Park furent éclairées par trente nouvelles ampoules.

A Londres, un chimiste et inventeur, Joseph Swan,qui avait suivi le même chemin qu'Edison depuis vingt ans, avait développé le filament de carbone et l'ampoule à vide. On pouvait s'attendre à une guerre des brevets entre concurrents, mais, en 1883, les compagnies d'Edison et de Swan s'unirent et la "guerre" fut évitée.

Entre-temps, Edison avait présenté des brevets par douzaines, principalement pour des lampes électriques, pour leur équipement et pour la distribution de l'électricité. Il déposa en tout, dans sa vie, 1093 brevets. Il ne cessait de perfectionner les lampes. Des fibres de bambou remplacèrent les mèches de coton, et, des années plus tard, la cellulose fut employée.

Les différents aspects de l'ampoule inventée l'une par Edison et l'autre par Swan.

Ampoule électrique d'Edison

Ampoule électrique de Swan

Faire le vide

Dans un certain modèle de pompe, un système aspire l'air de l'ampoule par une valve qui est fermée à toute arrivée d'air extérieur. Quand le piston est repoussé, expulsant l'air hors de la pompe, la valve ferme l'ampoule. Après plusieurs coups de pompe, l'ampoule se trouve à peu près vide d'air.

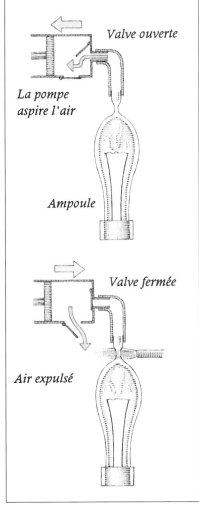

Valve ouverte

La pompe aspire l'air

Ampoule

Valve fermée

Air expulsé

La salle de la dynamo dans la centrale électrique d'Edison en 1882.

Puissance de la lumière

Les hommes d'affaires eurent vite compris que si leurs usines et leurs bureaux étaient brillamment éclairés, on y travaillerait davantage, surtout aux jours sombres de l'hiver. L'éclairage fut donc installé dans les bureaux de la presse, dans les ateliers de photographie, comme dans les maisons particulières. Au début, les installations tombaient en panne et de nombreuses interventions étaient nécessaires. Mais les améliorations ne tardèrent pas. Au commencement des années 1880, cinq compagnies d'éclairage électrique, y compris celle d'Edison, tentaient d'illuminer New York.

La première centrale électrique

Edison se tourna vers la source même de l'électricité : dynamo ou générateur. Il améliora les modèles existants et les rendit deux fois plus efficaces pour transformer l'énergie de leur combustible en énergie électrique. C'est l'équipe d'Edison qui assura l'éclairage de la première Exposition Française d'Electricité à Paris. Ce magicien -homme d'affaires créa des compagnies d'électricité en France, Angleterre, Italie, Hollande et Belgique.

L'année 1882 marqua une étape décisive. La compagnie Edison assura un spectacle d'illumination au Crystal Palace de Londres. Plus de 100.000 lampes furent fabriquées aux USA pour répondre à la demande.(Vingt ans plus tard, le chiffre atteindra 45 millions.)

Edison et ses conseillers trouvèrent des locaux pour la fabrication de dynamos, de lampes et de câbles. Ils choisirent aussi l'emplacement de la première centrale électrique et déterminèrent l'espace qu'elle devrait desservir : Pearl Street, à Manhattan, New York. Elle fonctionna pour la première fois en septembre 1882.

Puis, l'électricité fut produite par l'énergie hydraulique, à Appleby, Wisconsin, grâce aux eaux de la Fox River.

Malgré ses succès, Edison continuait à manquer d'argent. C'était en partie la faute de ses mauvaises méthodes commerciales. Mais,surtout, l'argent s'investissait dans des inventions nouvelles.

L'imagination créatrice d'Edison lui montrait le vol humain sur des machines comme celle-ci et sur d'autres proches de l'hélicoptère. Mais d'autres inventeurs réalisèrent ses rêves.

La famille en deuil

En 1884, La femme d'Edison mourut de la fièvre typhoïde. Ce drame fut suivi par de grosses difficultés. Edison dut se débattre dans des procès - plus de deux cents - intentés à des concurrents qui voulaient copier son matériel d'éclairage. Cela dura près de dix ans et les frais s'élevèrent à deux millions de dollars. Il envisagea d'autre part la construction d'une machine volante (que l'on aurait appelée aujourd'hui "hélicoptère"), mais il fût grièvement brûlé dans un accident et il dut y renoncer.

L'inventeur avec quelques-unes des ampoules produisant "l'effet Edison".

21

Mina Edison et sa fille Madeleine. Mina avait dix-neuf ans lorsqu'elle épousa l'inventeur.

Chapitre VI
Une nouvelle vie

Deux ans après la mort de Mary, Edison se remaria et décida de changer de mode de vie. Il était fort connu dans le monde des affaires et il avait moins de temps à consacrer au laboratoire. Il acheta une propriété, Glenmont, à West Orange, New Jersey, et y installa des laboratoires, des ateliers et des usines dix fois plus importants qu'à Menlo Park.

Avec ses équipes, il travailla au perfectionnement d'un phonographe avec aiguille sur bras mobile, moteur électrique et cylindres de cire. L'usine de West Orange fabriquait des poupées pourvues, à l'intérieur, d'un minuscule phonographe qui jouait des chansons enfantines.

Edison était désormais une célébrité mondiale. Il fonda une compagnie pour la gravure de disques et mit au point un dictaphone, petite machine à enregistrer les paroles qui seraient ensuite transcrites par une dactylographe.

La nouvelle maison d'Edison à Glenmont, West Orange, New Jersey. Ici Mina pouvait obtenir qu'Edison consacre un peu plus de temps à sa famille.

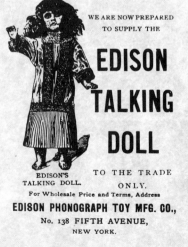

Annonce publicitaire de la poupée parlante d'Edison, exemple d'utilisation du phonographe en 1890.

WE ARE NOW PREPARED
TO SUPPLY THE

EDISON

TALKING

DOLL

EDISON'S
TALKING DOLL.

TO THE TRADE
ONLY.

For Wholesale Price and Terms, Address

EDISON PHONOGRAPH TOY MFG. CO.,

No. 138 FIFTH AVENUE,
NEW YORK.

Le photographe Eadweard Muybridge vint à West Orange présenter son appareil d'animation d'images. Edison discuta avec lui de la possibilité de lier des images enregistrées à la parole enregistrée. En 1888, il prit un brevet pour un kinétoscope, une des premières versions du cinématographe. Un de ses coéquipiers, William Dickson, lui montra un film accompagné de son, un des tout premiers "parlants". Mais la réalisation se heurta à de nombreux problèmes et l'équipe d'Edison se tourna vers d'autres projets. Le vrai cinéma parlant apparut en 1927.

Eadweard Muybridge, le photographe anglais célèbre pour ses études d'animaux en mouvement.

La naissance du cinéma

On a quelquefois attribué à Edison l'invention du film, de la caméra et du projecteur.

En fait, ils sont dus aux travaux de plusieurs inventeurs, y compris des membres de ses compagnies.

● Eadweard Muybridge démontra avec ses images de chevaux au galop les possibilités de l'invention.

● William Dickson, compagnon de travail d'Edison, tenta le premier d'imprimer des images sur des cylindres de cire. Il se servit ensuite, pour le kinétoscope du film de celluloïd flexible inventé par George Eastman.

● En 1893, le premier studio cinématographique, Black Maria, fut aménagé à Glenmont. Des kinétoscopes furent installés à New York pour y montrer les films réalisés.

● Edison ne croyait pas à l'avenir du kinétographe et du kinétoscope si bien qu'il négligea de les protéger en Europe par des brevets.

● En France, dans les années 1890, Louis et Auguste Lumière perfectionnèrent les machines d'Edison. Bientôt, des douzaines d'inventeurs travaillèrent sur des versions améliorées des caméras et des projecteurs.

Le laboratoire d'Edison à West Orange. Intérieur du studio où le phonographe et le kinétographe sont utilisés en même temps pour produire un film sonore.

Henry Ford dans sa première voiture construite en 1892.

Vers le XXe siècle

Edison et ses compagnies ne chômèrent pas dans les dernières années du XIXe siècle. La découverte des rayons X en 1895 fut bientôt suivie par la production d'un écran perfectionné par Edison pour la détection et la photographie des objets soumis aux rayons. Il présenta à New York le fluoroscope, qui permettait aux gens de voir leur squelette ! Il fit connaître de nouvelles versions du projecteur et des images parlantes. Un employé d'une de ses compagnies, Henry Ford, construisait au même moment, sa première automobile.

Radio et électronique

Le XXe siècle vit les premiers messages de TSF (télégraphie sans fil) lancés à travers l'Atlantique par Gugliemo Marconi. Edison félicita le physicien italien, lui vendit son brevet de 1885 pour la télégraphie sans fil et déclara : "Le travail de ce bonhomme le met dans ma classe". C'était le début du grand essor de l'électronique. Ses grands projets industriels absorbaient trop Edison pour qu'il s'engage dans des voies nouvelles.

La batterie d'Edison pour l'accumulation de force

Des années durant, il travailla sur des cellules appelées piles. Il inventa la pile alcaline qui peut se recharger. En 1912, Edison et Nicolas Tesla, qui avait un temps travaillé avec lui, furent pressentis pour recevoir le prix Nobel de physique. Tesla refusa de le partager. Le prix fut donc décerné au physicien Nils Gustaf Dalen.

Marconi avec son premier appareil de télégraphie sans fil.

La Première Guerre Mondiale

La Première Guerre Mondiale éclata en Europe en 1914. Edison avança l'idée d'un laboratoire de recherches pour élaborer des armes plus perfectionnées. Il devint président du Comité Consultatif de la Marine. Il envisageait une guerre où les soldats manoeuvreraient des "machines à tuer" plutôt que de se combattre corps à corps. Il développa des procédés de détection de torpilles tels que les téléphones sous-marins et les armements antisubmersibles.

Les dernières années

Edison voulait que les industries américaines utilisant le caoutchouc soient indépendantes. Pour ses derniers projets, il rechercha une autre source de production que celle des plantations britanniques. Après avoir cultivé plusieurs genres de végétaux, il arrêta son choix sur le Solidago géant qui sécrète du latex. Mais, à ce moment déjà, d'autres étudiaient la production de caoutchouc artificiel, et le latex du solidago ne fut jamais exploité industriellement.

En 1929, Henry Ford organisa la célébration du cinquantenaire de la lumière électrique en installant un Musée d'Histoire dans lequel figurait une reproduction du laboratoire de Menlo Park. Edison assistait à la fête aux côtés du président des Etats-Unis, Herbert Hoover. Il avait quatre-vingt deux ans.

Souffrant de diabète et de néphrite, Edison lutta contre la maladie en 1930 et 1931. Il adressa au public un dernier message : "J'ai eu une longue vie... Ayez confiance. Allez de l'avant." Il mourut le 18 octobre 1931.

Ci-dessus, Edison faisant la sieste durant un camping avec le président Harding et le grand fabricant de pneumatiques Harvey Firestone, en 1921.

Chapitre VII

Après Edison

L'effet Edison

Travaillant à sa lampe électrique en 1883 et mettant en contact une plaque de métal et un filament chauffé, Edison observa un curieux phénomène : le courant électrique ne passait entre ces deux objets à travers le vide que dans un seul sens. Toutefois, étant alors préoccupé par la question de la lumière, il ne poursuivit pas l'étude du phénomène.

On appelle aujourd'hui celui-ci "l'effet Edison" ou émission thermoïonique. Il est causé par un flux d'électrons à travers le vide tel qu'il a été observé de nouveau par Ambrose Fleming en 1904. Puisque l'électricité ne pouvait passer dans le dispositif que dans un sens, on qualifia l'effet de "valve" (comme la valve à sens unique pour conduire l'eau ou l'air). Ce fut le point de départ des valves pour la radio, les transistors et l'électronique.

Les inventions et les perfectionnements d'Edison ne représentent qu'une partie de son vaste apport à la vie moderne depuis le domaine de l'électricité et de la chimie jusqu'aux améliorations des transports, du confort de chaque jour.

La vie d'Edison, c'est le conte du mendiant qui devient roi. Il n'avait pas de véritable formation scientifique, il n'avait pas été initié aux affaires. Mais il possédait un grand bon sens, un esprit actif et curieux. C'était un infatigable travailleur. Il conquit ainsi renommée et fortune. Pendant toute sa vie active, il déposa en moyenne deux brevets par semaine.

Recherche et développement.

Les méthodes de travail et les équipes de Menlo Park étaient d'une conception entièrement nouvelle, réunissant des experts scientifiques de diverses disciplines pour faire des expériences et travailler ensemble pas à pas sur de nouveaux projets. Aujourd'hui, aucune société importante ne pourrait réussir sans pratiquer ce système de recherche et de développement.

Cette étonnante annonce d'ampoules électriques révèle le sens pratique et le talent commercial d'Edison.

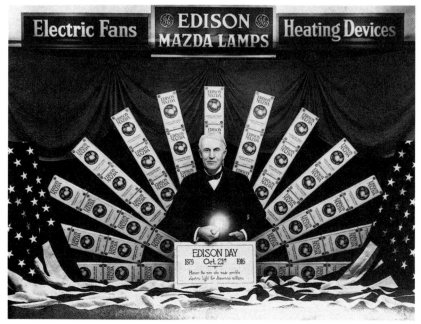

L'instinct scientifique

Les carnets d'Edison montrent que malgré sa formation incomplète, il comprenait beaucoup de principes scientifiques. D'instinct, il suivait les méthodes scientifiques, c'est-à-dire que lorsque l'idée surgit, on la teste, on l'analyse et on explique les résultats avant de passer à la phase suivante. Il était en partie un inventeur à l'ancienne mode, heureux de passer des heures au laboratoire. D'autre part il était l'homme d'affaires moderne, sachant réunir une équipe d'experts et réinvestir dans la recherche les profits de ses compagnies. Il était né au temps de la bougie et de la lampe à pétrole. Lorsqu'il mourut, le monde était en partie, grâce à lui, entré dans les temps modernes de la machine, de la technologie et de l'électronique.

Le 21 octobre 1931, l'Amérique entière rendit hommage au "Magicien de Menlo Park". Pendant une minute toutes les lampes furent éteintes, toutes les machines électriques arrêtées. Imaginez cet immense pays tout entier plongé dans les ténèbres. Depuis, les lumières ne se sont plus éteintes, et la splendeur de New York la nuit est une des richesses léguées par Edison.

Le monde au temps d'Edison

	1847-1875	1876-1900
Sciences	**1847** Naissance de Thomas Edison **1852** Le biologiste allemand von Helmholtz mesure la vitesse d'un signal nerveux le long de la cuisse d'une grenouille. **1861** Le physicien écossais James Maxwell fait la première photo en couleur.	**1883** Acceptation générale de la zone temps, temps standard à intervalles d'heures entières à partir de Greenwich, Angleterre. **1893** Rudolf Diesel, ingénieur allemand, travaille sur le premier moteur à combustion interne qui portera son nom.
Exploration	**1853** Premières lignes de chemin de fer et premiers câbles télégraphiques posés en Inde. **1853** La Terre de Van Diemen, île au sud-est de l'Australie, est rebaptisée Tasmanie, du nom de son premier visiteur européen, Abel Tasman, (1642-1643).	**1888** L'explorateur norvégien Fridtjof Nansen et ses compagnons achèvent la première traversée du Groenland.
Politique et société	**1848** Karl Marx et Friedrich Engels écrivent le *Manifeste Communiste* **1848** En France, abdication du roi Louis Philippe. Louis Napoléon est élu Prince président. **1865** Abraham Lincoln, président des Etats-Unis, tué d'un coup de revolver.	**1889** La guerre de Boers éclate en Afrique du Sud. **1891** En Grande-Bretagne, une loi est votée qui interdit désormais d'employer dans les usines des enfants de moins de 11 ans. **1894** Reprise de la guerre entre le Japon et la Chine.
Arts et Lettres	**1860** Le peintre impressionniste français Claude Monet peint ses toiles les plus célèbres. **1873** Jules Verne Ecrit *Le Tour du Monde en quatre-vingts jours.* **1873-1875** Le musicien français Georges Bizet compose son opéra célèbre : *Carmen.*	**1879** Une petite fille espagnole et son père découvrent les peintures préhistoriques des fameuses grottes d'Altamira. **1896** Le chimiste suédois Alfred Nobel meurt, ayant fondé les cinq prix de physique, chimie, médecine, littérature et de la paix, qui portent son nom.

1901-1925	**1925-1950**

1903 Les frères Wright réalisent le premier vol sur appareil plus lourd que l'air

1905 Albert Einstein entreprend ses travaux sur la théorie de la relativité.

1912 Le suédois Nils Dalen, inventeur des régulateurs à gaz pour les phares côtiers, reçoit le prix Nobel de physique.

1928 Le microbiologiste Alexander Fleming découvre une moisissure qui produit la pénicilline, le premier antibiotique.

1931 Mort de Thomas Edison.

1948 Une équipe américaine invente le transistor qui remplacera graduellement la valve en électronique.

1902 Le premier câble sous-marin est posé sous l'Océan Pacifique.

1905 Le plus gros diamant du monde, le Cullinan, est trouvé en Afrique du Sud.

1911 Roald Amundsen atteint le premier le pôle Sud.

1927 L'aviateur américain Lindbergh réalise seul le premier vol transatlantique sans escale sur le *Spirit of Saint-Louis*.

1947 Une énorme météorite tombe en Sibérie, dévastant une grande étendue de terrain.

1914 Début de la Première Guerre Mondiale.

1917 Début de la Révolution Russe.

1918 Fin de la Première Guerre Mondiale.

1922 Fin de la guerre civile en Russie.

1939 Début de la Deuxième Guerre Mondiale.

1945 Fin de la Deuxième Guerre Mondiale.

1948 Le nouvel Etat juif, *Israël*, est établi au Moyen Orient.

1904 L'écrivain russe Anton Tchéckov termine sa pièce de théâtre *La Cerisaie*.

1911 La compositeur américain Irving Berlin écrit une des premières chansons de jazz, *Alexander's Ragtime Band*.

1912 Le romancier Edgar Rice Burroughs publie *Tarzan des Singes*.

1928 Le romancier anglais D.H. Lawrence écrit *L'amant de Lady Chatterley*, interdit en Angleterre jusqu'en 1960.

1930 Marlène Dietrich joue dans le film qui la rendra célèbre : *L'Ange Bleu*.

1936 Le compositeur russe Serge Prokofiev achève son conte musical : *Pierre et le Loup*.

Lexique

actions et parts : titres reconnaissant une participation ou co-propriété dans une compagnie ou un organisme sous la forme d'un versement de fonds. Les actions donnent habituellement à leurs propriétaires -les actionnaires- le droit d'être informés du fonctionnement de la société et de recevoir une part des bénéfices.

alcalin : en chimie, le contraire d'acide. Une substance alcaline est habituellement huileuse ou visqueuse au toucher. Trop forte, elle peut être nocive. Une substance alcaline combinée avec un acide forme un sel chimique.

automatique : qualifie une opération qui se produit d'elle-même sans être contrôlée par une personne ou un procédé. Par exemple, la barrière automatique d'un passage à niveau qui réagit en s'abaissant à l'approche d'un train, sans avoir besoin d'être manipulée.

carbone : substance naturelle présente sous diverses formes : diamant, charbon de terre, coke, charbon de bois, suie. Le carbone solide (principal constituant de la mine des crayons) est perméable au courant électrique. les grains de carbone sont de petites parcelles noires, rappelant la suie.

cellulose : substance naturelle dérivée des plantes, souvent sous forme fibreuse. Elle est à la base de matériaux tels que coton, jute, lin.

diabète : état maladif dans lequel l'organisme n'est pas capable d'assimiler convenablement ses sucres. Le diabète non soigné peut provoquer la somnolence, des syncopes et même la mort. Le traitement consiste en un régime alimentaire, l'absorption de comprimés spéciaux et des injections d'une substance naturellement présente dans le corps, l'insuline.

diaphragme : feuille ou plaque flexible qui peut aller et venir, vibrer ou être secouée. La partie d'un haut parleur qui va et vient, créant des ondes sonores, est parfois appelée diaphragme.

dynamo : machine à produire de l'électricité, en général courant continu. Voir *générateur.*

engineering : ce mot anglais, qui vient du français *engin,* est parfois traduit par *ingénierie.* Il s'applique à l'art et à la science des ingénieurs qui conçoivent, réalisent et entretiennent des outils, des machines, des structures allant de la paire de ciseaux à un Airbus.

filament : pièce ou partie de pièce, mince ou allongée, telle que le fil à l'intérieur d'une ampoule électrique ou un fil d'une substance, comme par exemple le nylon.

générateur : machine qui produit de l'électricité à partir d'une autre forme d'énergie : charbon ou pétrole enflammé, force de l'eau courante, combustible nucléaire, chaleur et lumière du soleil. La *dynamo* produit le courant électrique continu et l'alternateur le courant alternatif.

kinétographe : une forme primitive du cinéma développée par Thomas Edison. Son action n'avait pas la rapidité ni ses photos la netteté obtenues par les caméras qui vinrent plus tard. Son nom vient du grec *kinesis* : mouvement.

kinétoscope : appareil développé par Edison. Grande boîte contenant un long rouleau de pellicule qui se dévidait sous l'oeil d'un observateur regardant par une petite ouverture ou avec des lorgnettes.

légal : relatif aux lois et aux règlements d'une compagnie, d'une organisation ou d'un pays.

Morse : code en signaux électriques brefs (points) et longs (traits) qui traduisent des lettres et des mots. Par exemple, la lettre S est représentée par "point point point". Inventé par l'américain Samuel Morse en 1838 pour être utilisé en télégraphie.

philosophie : l'étude des connaissances et des croyances humaines. Elle affecte de nombreux aspects de notre vie : la façon dont nous connaissons les choses, pourquoi nous avons le sens du bien et du mal et pourquoi nous estimons certaines choses précieuses et d'autres sans valeur.

régulateur : appareil qui contrôle les mouvements d'une partie d'une machine. Dans une machine à vapeur, le régulateur contrôle la vitesse de rotation du volant afin de le maintenir au rythme voulu.

sabotage : acte d'abîmer ou de désorganiser un appareil, une machine, un système ou une organisation afin de provoquer un arrêt ou une panne.

télégraphe : système pour l'envoi de messages à distance par fils télégraphiques sous la forme d'appels convenus, ou par les points et les traits du code Morse.

transmettre : envoyer ou communiquer. Un satellite de télévision transmet des signaux télévisés de l'espace à la Terre, et le télégraphe transmet des signaux électriques par fil.

vide : absence de tout , même d'air. L'espace est en grande partie un vide. Il est en général difficile de faire le vide parfait, un néant absolu. Il reste habituellement quelques minuscules parcelles de gaz ou d'autres substances.

Index